A PEC 181/2015 e o aborto no Brasil

GUILHERME HENRIQUE GIACOMINO SILVA

PUBLICAÇÕES YP

2020

Publicação: YP
E-mail: giacomino.advocacia@gmail.com
ISBN: 9798552286560
Tamanho: 13,97x21,59 74p.
1.Direito constitucional; 2.Aborto; 3.PEC 181/2015; 4.Direito à saúde; 5.Direito reprodutivo;

AGRADECIMENTOS

Primeiramente, gostaria de agradecer meus pais, em especial, minha mãe, por ter me dado todo o amparo para poder continuar meus estudos além da faculdade, e por servir de exemplo como cidadã e mulher em um mundo tão complexo como o de hoje.

Por último, mas não menos importante, agradeço à Deus, por me permitir levantar todos os dias para viver minha vida com o propósito de crescer academicamente. À disposição da minha orientadora a Profª Drª Maria Célia, por toda a ajuda prestada, ainda que virtualmente, em tempos de isolamento social. Agradeço ainda, sua preocupação com desenvolvimento do trabalho, mesmo com prazos apertados.

Por último, mas não menos importante, agradeço à Deus, por me permitir levantar todos os dias para viver minha vida com o propósito de crescer academicamente.

A PEC 181/2015 e o aborto no Brasil

SUMÁRIO

PREFÁCIO

O presente trabalho apresenta como objeto de estudo os reflexos ocasionados pela Proposta de Emenda à Constituição 181/2015, PEC esta que tem como objetivo, além da extensão do benefício do auxílio maternidade para mulheres que realizaram partos prematuros, a alteração do Artigo 5º, caput da Constituição Federal Brasileira, para que a inviolabilidade do direito à vida seja garantida pelo Estado desde a concepção, dando entendimento de que, em casos relacionados ao aborto, até mesmo as excludentes de criminalidade do tipo penal passariam a ser considerados como condutas criminosas. E através de uma análise do aborto no Brasil, passando pelos aspectos históricos, sociais e jurídicos da prática, até o procedimento legislativo da PEC 181/2015, e culminando nas considerações finais acerca do tema, numa tentativa de mostrar a ineficácia da PEC ante a atual situação do aborto no país, que se tornou uma questão de saúde pública, pensando em métodos utilizados em outros países, onde houve a descriminalização do aborto, para evitar mais mortes das mulheres brasileiras.

A PEC 181/2015 e o aborto no Brasil

INTRODUÇÃO

O presente trabalho apresenta como propósito expor o processo legislativo do Projeto de Emenda da Constituição 181 de 2015 e seus reflexos na sociedade brasileira, através de uma contextualização histórica do tema do aborto no Brasil, além de uma breve análise acerca dos direitos fundamentais que o Estado promete através do texto constitucional vigente.

A metodologia aplicada na pesquisa deste trabalho foi a exploratória, contando com técnicas de levantamento bibliográfico de autores que são referência no assunto, análise de sites governamentais para elucidação acerca da PEC, além de revisão de entrevistas sobre o tema em diversos veículos informativos.

Na tentativa de melhor possibilitar a compreensão do tema, buscou-se discorrer acerca da questão do aborto no Brasil, através de análise de pesquisas e dados sobre o tema na atualidade, para que se possa entender os motivos que levaram à propositura da referida PEC.

Desta forma, o trabalho foi definido em quatro capítulos distintos, que contemplam o tema, desde seus aspectos históricos na legislação brasileira, passando por uma análise dos direitos fundamentais das mulheres que são atacados quando da questão do aborto, em especial o direito a saúde e o princípio da dignidade humana, passando ainda por uma análise do processo legislativo da PEC 181/2015 e seus reflexos na sociedade e possíveis soluções.

O primeiro capítulo tem como objetivo contextualizar o leitor acerca do tema, trazendo o aborto em sua concepção histórica dentro do ordenamento jurídico brasileiro, tratando-o como um problema de saúde pública e trazendo o aborto mais uma vez para o centro dos debates.

O segundo capítulo foca no Direito à Saúde, em como ele é atacado dentro do tema e como diversas mulheres sofrem com a falta de amparo estatal, apesar de legalmente, a saúde ser uma das prioridades na manutenção da vida humana e do povo brasileiro. Além disso, o capítulo foca na dignidade humana e como esta também é severamente prejudicada dentro da questão do aborto.

Já o terceiro capítulo traz toda a conceituação de Projeto de Emenda à Constituição, as conhecidas popularmente como PEC, detalhando como funciona a tramitação desse tipo de instrumento normativo, dando foco na tramitação e histórico legislativo da PEC 181 de 2015, que tem como objetivo primário o aumento da licença maternidade, porém, traz alterações constitucionais que podem, e se os legisladores permitirem, vão alterar todo o entendimento a respeito de vida intra uterina que se tem no ordenamento jurídico brasileiro, proibindo o aborto, por força constitucional, até mesmo em suas excludentes de culpabilidade.

Por fim, se mostra pertinente a realização de um balanço sobre o tema, buscando possíveis soluções caso a medida passe no Congresso Nacional, além dos reflexos no cotidiano das mulheres brasileiras em geral.

1.

Aspectos históricos, sociais e jurídicos do aborto no Brasil

2.1. O histórico do aborto no Brasil

Penal da República, o aborto passou a ser criminalizado por terceiros, podendo ter ou não autorização da gestante, tendo ainda como atenuante se o motivo do crime fosse para esconder desonra própria. (PRADO, p. 35, 1984)

Porém, a partir da vigência do Código Penal de 1940, o aborto ganhou projeção mais ampla e adquiriu contornos explicativos mais claros, presentes no nosso cotidiano até hoje. No Código Penal Brasileiro, o Aborto é tratado nos Artigos 124 ao 128, possuindo três hipóteses em que o aborto é permitido, sendo consideradas pela doutrina majoritária como excludentes de ilicitude, e não como uma escusa absolutória.

De acordo com MAGALHÃES Noronha 1971, p. 286:

> Segundo cremos, não é das mais felizes a redação do art. 128. Se o fundamento do inciso I é o estado de necessidade, e o do II, ainda o mesmo estado, conforme alguns, ou a prática de um fato ilícito, não nos parece que na técnica do Código se devia dizer "Não se pune..." Dita frase pode levar à conclusão de que se trata de dirimente ou de escusa absolutória, o que seria insustentável. Em tal hipótese, a enfermeira que auxiliasse o médico, no aborto, seria punida. Nos incisos do art. 128, o que desaparece é a ilicitude ou antijuridicidade do fato e, consequentemente, devia dizer–se: "Não há crime".

Desde então, inúmeras foram e ainda são as tentativas de descriminalizar o aborto, sob os mais diversos argumentos, que vão desde a autonomia da vontade da mulher, bem como questões inerentes à saúde e bem-estar da mulher.

2.2 ASPECTOS SOCIAIS DO ABORTO NO BRASIL NO SÉCULO XXI E SEUS MEDIDORES DEMOGRÁFICOS

Diversas são as pesquisas que tentam quantificar o número de abortos no país, tendo em vista que os números são imprecisos, pois nem todos os casos de aborto são notificados nos hospitais, e os abortos clandestinos são realizados à margem do Estado. A mais atual, foi realizada em 2016, em uma parceria do Instituto Anis de Bioética e o IBOPE Inteligência, mostram números altos e preocupantes.

Nas palavras de DINIZ, MEDEIROS e MEDEIRO, autores da pesquisa, já alertam sobre a dificuldade de conseguir os resultados precisos e que refletem a realidade brasileira em sua perfeição.

> Produzir um resultado para todo o Brasil requer extrapolação. Há problemas em se extrapolar esses resultados para grupos fora do universo da pesquisa, portanto os resultados para a população feminina total a seguir devem ser tomados com extrema cautela. O inquérito limitou-se a entrevistar mulheres alfabetizadas das áreas urbanas. A qualidade da extrapolação, porém, depende da hipótese de que as taxa de aborto entre as mulheres não pesquisadas é a mesma observada entre as pesquisadas, o que pode não ser correto. (DINIZ, MEDEIROS e MEDEIRO, 2016).

Além disso, o método de angariação dos dados difere de pesquisa para pesquisa, pois os métodos de pesquisa divergem e contribuem para a imprecisão dos números. O método utilizado na PNA 2016 é a chamada "técnica de urna", onde as mulheres são anonimamente sujeitadas a responder o questionário proposto pelos pesquisadores, diminuindo assim, a probabilidade de temor por conta das respostas dadas.

Combina entrevistas face-a-face realizadas por entrevistadoras mulheres com a técnica de urna e, portanto, tem vantagens sobre os levantamentos que dependem integralmente de entrevistas diretas. Foi desenhada de modo a que seus resultados fossem comparáveis aos da Pesquisa Nacional de Aborto de 2010 (PNA 2010). (DINIZ, MEDEIROS e MEDEIRO, 2016).

Sendo assim, é necessário cautela e parcimônia ao tratar dos números do tema. Estima-se que, no ano de 2015, foram realizados cerca de 503 mil abortos, em mulheres com faixa etária de 18 a 39 anos, alfabetizadas, de diferentes camadas da sociedade, sejam elas de áreas rurais ou urbanas.

Assim, é possível dizer que o aborto é uma prática comum no país, e sua prática e realizada com diversos motivos, sejam eles pessoais, de saúde ou econômicos.

Nas palavras de Diniz, Medeiros e Medeiro, na Pesquisa Nacional do Aborto de 2016:

Isso permite dizer que o aborto é comum no Brasil. Os números de mulheres que declaram ter realizado aborto na vida são eloquentes: em termos aproximados, aos 40 anos, quase uma em cada cinco das mulheres brasileiras fez um aborto; no ano de 2015 ocorreram cerca de meio milhão de abortos. Considerando que grande parte dos abortos é ilegal e, portanto, feito fora das condições plenas de atenção à saúde, essas magnitudes colocam, indiscutivelmente, o aborto com um dos maiores problemas de saúde pública do Brasil. O Estado, porém, é negligente a respeito, sequer enuncia a questão em seus desenhos de política e não toma medidas claras para o enfrentamento do problema. (DINIZ, MEDEIROS e MEDEIRO, 2016).

De fato, a frequência dos abortamentos no país possui um nível alto já tem alguns anos e promete continuar desta forma nos próximos anos também, alterando tão somente o número de mortes provocadas pelas ineficazes políticas públicas no país todo.

A frequência de abortos é alta e, a julgar pelos dados de diferentes grupos etários de mulheres, permanece assim há muitos anos. Entre a PNA 2010 e a PNA 2016, por exemplo, a proporção de mulheres que realizaram ao menos um aborto não se alterou de forma relevante. Ou seja, o problema de saúde pública chama a atenção não só por sua magnitude, mas também por sua persistência. As políticas brasileiras, inclusive as de saúde, tratam o aborto sob uma perspectiva religiosa e moral e respondem à questão com a criminalização e a repressão policial. A julgar pela persistência da alta magnitude, e pelo fato do aborto ser comum em mulheres de todos os grupos sociais, a resposta fundamentada na criminalização e repressão tem se mostrado não apenas inefetiva, mas nociva. Não reduz nem cuida: por um lado, não é capaz de diminuir o número de abortos e, por outro, impede que mulheres busquem o acompanhamento e as informações de saúde necessárias para que sejam realizados de forma segura ou para planejar sua vida reprodutiva a fim de evitar um segundo evento desse tipo.

Sobre a questão da mortalidade das mulheres que praticam aborto no Brasil, é de praxe trazer o Manifesto das 343, publicado pela filósofa existencialista, escritora e teórica social Simone de Beauvoir, no ano de 1971, e assinado por 343 mulheres na França, que praticaram o aborto, que na época era passível de processo criminal acerca do tema. Tal manifesto traz, de maneira bem atualizada, apesar do tempo, o cenário social de abortamentos no Brasil:

> Um milhão de mulheres na França têm um aborto a cada ano. Condenado ao sigilo, eles têm acontecido em condições perigosas, sendo que este procedimento, quando realizado sob supervisão médica, é um dos mais simples. Essas mulheres são veladas em silêncio. Eu declaro que sou uma delas. Eu tive um aborto. Assim como nós exigimos o acesso livre ao controle de natalidade, exigimos a liberdade de ter um aborto.

Há mais de 40 anos, a França descriminalizou o aborto no país. Lá, as mulheres possuem ampla assistência do Estado, desde auxílio médico e psicológico, como acompanhamento durante o processo de amadurecimento da ideia da prática, para que a praticante tenha certeza que essa seja a melhor ideia.

No Brasil, em um cenário totalmente diferente, esse tema é apenas mais dos quais os menos favorecidos de informação e condição financeira sofrem. Isto porque, apesar de ilegal, o aborto acontece. Acontecem há anos em nosso país, porém apenas uma parca parcela da população tem condições de realizá-lo de forma segura, enquanto a esmagadora maioria recorre à clínicas clandestinas, para tentar o resguarde de seus direitos reprodutivos, enquanto seu direito à vida é posto a prova.

A questão do aborto vai muito além de informativos de como não engravidar e de que praticá-lo ofende valores morais cristãos. Esse tema, o aborto, deve ser tratado como prioridade em meio a uma legislação que se encontra num retrocesso de pelo menos 42 anos em relação à Europa, e sempre deverá ser tratado como a prevalência do direito reprodutivo da mulher brasileira ante ao conservadorismo legislativo brasileiro.

2.3 O ABORTO E O ORDENAMENTO JURÍDICO PENAL NO BRASIL – ASPECTOS JURÍDICOS

Concebido em 1940, o Código Penal ainda vigente no Brasil possui diversos erros e acertos. Erros que, vão desde crimes que não contemplam mais a realidade vivida até crimes que são revestidos de um viés conservador que permeava a sociedade da época, que perdura na sociedade atual. Acertos esses que, detalhadamente, explicitam condutas que requerem especificidade de conhecimentos e sensibilidade do legislador.

Alguns tipos penais que possuíam viés conservador, religioso, e que nada tinham a ver com o aspecto laico do Estado previsto na Carta Magna de 1988 já foram revogados. Um exemplo disso é o crime de adultério, que, levado num senso de ética, é tido como errado e já é abarcado no Livro IV, Capítulo I, Subtítulo I do Código Civil de 2002, como uma forma impeditiva de casamento, mas não uma conduta criminosa, tendo sido revogado pela lei 11.106 de 2005.

Porém, muitos crimes reflexos da sociedade da época da concepção do Código Penal ainda perduram até hoje, e um desses crimes é o aborto.

2.4 MODALIDADES DE ABORTO NO CÓDIGO PENAL

O Código Penal Brasileiro disciplina o Aborto no Capítulo "Dos Crimes Contra a Vida", nos Artigos 124 (Auto aborto), 125 (Aborto provocado por terceiro, sem consentimento da gestante) e 126 (Aborto provocado por terceiro, com consentimento da gestante) e tem sua forma qualificada no Artigo 127 (as penas são aumentadas em caso de lesão grave à abortante ou se esta acaba morrendo em decorrência do aborto), do Código Penal Brasileiro:

Aborto provocado pela gestante ou com seu consentimento: Art. 124 - Provocar aborto em si mesmo ou consentir que outrem lhe provoque: Pena-detenção, de um a três anos. Aborto provocado por terceiro: Art. 125 - Provocar aborto, sem o consentimento da gestante: Pena - reclusão, de três a dez anos. Art. 126 - Provocar aborto com o consentimento da gestante: Pena - reclusão, de um a quatro anos. Parágrafo único. Aplica-se a pena do artigo anterior, se a gestante não é maior de quatorze anos, ou é alienada ou debil mental, ou se o consentimento é obtido mediante fraude, grave ameaça ou violência. Forma qualificada: Art. 127 - As penas cominadas nos dois artigos anteriores são aumentadas de um terço, se, em consequência do aborto ou dos meios empregados para provocá-lo, a gestante sofre lesão corporal de natureza grave; e são duplicadas, se, por qualquer dessas causas, lhe sobrevém à morte.

Em contrapartida, o Artigo 128 disciplina os casos específicos em que o aborto é legalizado, quais sejam, quando a vida da gestante corre risco com o parto e é necessário escolher entre a vida dela e do bebê e em casos de estupro.

O Artigo 128 foi inserido após a Arguição de Descumprimento de Preceito Fundamental nº 54. Nesse julgamento, o Ministro Marco Aurélio, do STF, brilhantemente, expôs e autorizou também a interrupção da vida intrauterina nos casos onde existe a incompatibilidade da vida do feto já nascido, ou seja, em casos de anencefalia ou enfermidade similar.

A incolumidade física do feto anencéfalo, que, se sobreviver ao parto, o será por poucas horas ou dias, não pode ser preservada a qualquer custo, em detrimento dos direitos básicos da mulher. No caso, ainda que se conceba o direito à vida do feto anencéfalo – o que, na minha óptica, é inadmissível, consoante enfatizado –, tal direito cederia, em juízo de ponderação, em prol dos direitos à dignidade da pessoa humana, à liberdade no campo sexual, à autonomia, à privacidade, à integridade física, psicológica e moral e à saúde, previstos, respectivamente, nos artigos 1º, inciso III, 5º, cabeça e incisos II, III e X, e 6º, cabeça, da Carta da República. Os tempos atuais, realço, requerem empatia, aceitação, humanidade e solidariedade para com essas mulheres. Pelo que ouvimos ou lemos nos depoimentos prestados na audiência pública, somente aquela que vive tamanha situação de angústia é capaz de mensurar o sofrimento a que se submete. Atuar com sapiência e justiça, calcados na Constituição da República e desprovidos de qualquer dogma ou paradigma moral e religioso, obriga-nos a garantir, sim, o direito da mulher de manifestar-se livremente, sem o temor de tornar-se ré em eventual ação por crime de aborto.

Apesar de não ser considerada uma forma de abortamento, pois o feto não tem expectativa de vida extrauterina, a interrupção terapêutica do parto tratada na ADPF 54 é o primeiro passo para a inserção da prática do aborto legal no ordenamento jurídico brasileiro, isto porque, o Judiciário mostra um entendimento positivo acerca da impossibilidade de vida extrauterina do feto, como é o caso do aborto antes da formação do sistema nervoso central, o que é defendido pela maioria dos estudiosos acerca do tema.

Em média, até 2005, mais de 3.000 ações procedentes em casos onde não há qualquer possibilidade de vida extrauterina do feto, de acordo com estudos realizados pelo próprio relator da ADPF 54.

Apesar dos pequenos avanços em relação ao tema, o que centra a trama não é isso. E sim, saber os motivos pelos quais a realidade brasileira se distância tanto do ordenamento jurídico vigente. A criminalização do aborto, juridicamente falando, é um exemplo de que a política não traduz a realidade da sociedade, e sim, uma afronta à laicidade do Estado, onde milhares de vidas são perdidas em detrimento de entendimentos religiosos sobre o tema, que em sua maioria, se mostram ultrapassados e refletem apenas dogmas que dizem respeito apenas à vida de quem defende a criminalização.

A PEC 181/2015 e o aborto no Brasil

3.

A constituição federal de 1988 e os direitos fundamentais da mulher

---

Promulgada em 05 de Outubro de 1988, a Constituição Federal foi um marco na garantia dos direitos igualitários entre homens e mulheres, bem como finalmente a ruptura com o governo militar instaurado em 1964.

Isto porque, durante a redemocratização, uma extensa luta para a equitação de direitos entre homens e mulheres foi travada por movimentos sociais em todo o país, o que culminou na Carta das Mulheres Brasileiras aos Constituintes, que indica aos legisladores as reivindicações das mulheres e feministas na Carta Magna que naquele ano seria criada.

Desses movimentos, a Carta Magna promulgada em 1988 determina ao longo de seus 250 Artigos e 80 emendas constitucionais, a igualdade perante a lei, seja na vida civil, no trabalho ou na família, podendo exercer ainda exercer seus direitos políticos, seja regra absoluta, o que há muito tempo não lhes era garantido.

Além da igualdade garantida constitucionalmente, o princípio da Dignidade da Pessoa Humana tem até hoje, no decorrer do texto constitucional, vasta aplicação em diversos de seus artigos, desde os que garantem a saúde e previdência a não somente, mas também às mulheres, como também os artigos que garantem maternidade humanizada, garantindo licença maternidade de até cento e vinte dias às novas mães.

Citando Barroso, em seu voto no HC 124306, de 2016, uma breve estruturação acerca dos direitos fundamentais dentro do tema:

> Os direitos fundamentais vinculam todos os Poderes estatais, representam uma abertura do sistema jurídico perante o sistema moral e funcionam como uma reserva mínima de justiça assegurada a todas as pessoas. Deles resultam certos deveres abstenção e de atuação por parte do Estado e da sociedade. Após a Segunda Guerra Mundial, os direitos fundamentais passaram a ser tratados como uma emanação da dignidade humana, na linha de uma das proposições do imperativo categórico kantiano: toda pessoa deve ser tratada como um fim em si mesmo, e não um meio para

satisfazer interesses de outrem ou interesses coletivos. Dignidade significa, do ponto de vista subjetivo, que todo indivíduo tem valor intrínseco e autonomia.

Dentro do leque de direitos constitucionalmente garantidos, temos ainda, o direito à saúde, também garantido pela lei 8.080/1990, a chamada Lei Orgânica da Saúde, que se mostra totalmente alinhado com a questão do aborto no Brasil. Ora, se o aborto deve ser tratado como uma questão de saúde pública é necessária avaliação contundente acerca de sua legalidade dentro do âmbito social e da autonomia da vontade das mulheres no Brasil.

Cabe então, breve dissertação destes dois direitos fundamentais - Saúde e Dignidade da Pessoa Humana - para que o plano de fundo dos debates acerca das mudanças e ataques a estes princípios sejam trazidos ao contexto da PEC 181/2015 e os motivos pelos quais estes princípios, se desrespeitados, levariam a interpretação constitucional a outros patamares, por conta das diversas aplicações que poderiam ocorrer a respeito disso.

3.1 A SAÚDE COMO DIREITO FUNDAMENTAL

A Saúde é apresentada na Declaração Universal dos Direitos Humanos, datada de 1948, em seu artigo XXV, que define que todo ser humano possui um padrão de vida capaz de assegurar, ao indivíduo e sua família, o mais completo bem estar, incluindo não somente a saúde, mas também meios que façam com que ela seja atingida em sua primazia, como alimentação, lazer, vestuário, habitação e cuidados médicos.

Num contexto brasileiro, o cerne da Constituição Federal de 1988, o Direito à Saúde é expressamente previsto em seu Artigo 6º, que estipula os direitos básicos para a sobrevivência humana sob a tutela do Estado:

> Art. 6º São direitos sociais a educação, a saúde, a alimentação, o trabalho, a moradia, o transporte, o lazer, a segurança, a previdência social, a proteção à maternidade e à infância, a assistência aos desamparados, na forma desta Constituição.

A definição de Saúde, nas palavras de CARVALHO (p. 20, 2015), a saúde é "um estado de completo bem-estar físico, mental e social e não consiste apenas na ausência de doença ou de enfermidade. É um dos direitos fundamentais de todo ser humano sem distinção de raça, de religião, de credo político, de condição econômica ou social".

No entanto, a Saúde garantida constitucionalmente no Brasil não se vale apenas do atendimento em hospitais públicos. O legislador da época ainda incrementou ao direito à saúde a garantia de qualidade de vida, assegurada pelo Estado, em associação com outros direitos básicos.

Ainda em CARVALHO, citando AIALA, temos a seguinte assertiva quando ao reconhecimento dos chamados direitos fundamentais, que abrangem também a saúde.

> O reconhecimento dos direitos fundamentais se deu de forma progressiva e sequencialmente, tornando possível sua classificação em gerações, inspiradas no lema da Revolução Francesa: liberdade, igualdade e fraternidade. O direito à saúde faz parte da categoria dos direitos fundamentais de segunda geração, que estão vinculados ao princípio da igualdade e são resultado das lutas sociais em oposição aos interesses da burguesia (AIALA, Adriane de Fátima. 2011).

Pensando nisso que o legislador retirou os chamados direitos fundamentais e separou-os dos demais, pois sua existência e tão importante, que foram retirados da esfera da disponibilidade dos direitos e integrados ao rol dos direitos indisponíveis presentes no texto constitucional de 1988, como bem acentuou SARLET em sua obra Os Direitos Fundamentais Sociais na Constituição de 1988, datado de 2001.

Além do texto constitucional, a Saúde também é abarcada posteriormente na Lei Orgânica da Saúde, onde é, além de mais uma vez assegurada juridicamente, é explanada de modo como deve ser aplicada, promovida e também protegida.

Seu artigo 2º, §1º, assim disserta:

> Art. 2º A saúde é um direito fundamental do ser humano, devendo o Estado prover as condições indispensáveis ao seu pleno exercício. § 1º O dever do Estado de garantir a saúde consiste na formulação e execução de políticas econômicas e sociais que visem à redução de riscos de doenças e de outros agravos e no estabelecimento de condições que assegurem acesso universal e igualitário às ações e aos serviços para a sua promoção, proteção e recuperação.

Com isso, ao dar dimensões aplicáveis na prática e positivá-los em textos legais, diz-se que o Direito à Saúde é um fenômeno jurídico. Em seu viés subjetivo, se encontra nas mãos dos indivíduos, e isso faz com que eles se sintam protegidos e sintam que ninguém possa tirá-lo de sua propriedade. Já em seu viés objetivo, permite que, caso a subjetividade do direito lhe seja privada, se busque através do Judiciário a proteção que se espera do Estado.

3.2 O PARADOXO DO ABORTO E O DIREITO À SAÚDE

No entanto, trazendo para o contexto dos abortamentos que ocorrem diariamente em nosso país, a perspectiva muda. Ao se concluir que milhares de mulheres são mortas em decorrência de abortos malsucedidos ou ilegais, é mister entender que a questão do aborto decorre de um problema de saúde pública. E por ter essa característica, o direito à saúde e seus demais seguimentos é diariamente negado a essas mulheres.

E não são escassos os exemplos que contrariam o preceituado por Barros Filho. Ao ver seu direito à saúde violado, mulheres entram na justiça pelo direito de abortar, pelo direito de preservar sua vida, sem ter que recorrer à procedimentos ilegais, pelo direito de ter sua saúde amparada pelo Estado, sem ter de ir ser amparadas à outros Estados para que esse direito seja aplicado.

Um exemplo recente deste paradoxo, se deu em Dezembro de 2017. Com a aprovação para debates da PEC 181/2015, a história de Rebeca Mendes ficou conhecida no Brasil inteiro. Divorciada, mãe de dois filhos menores, universitária e trabalhando num emprego temporário, Rebeca Mendes recorreu ao Supremo Tribunal Federal para que lhe fosse concedida a autorização de realizar um aborto legal, por não ter condições física, psicológicas e econômicas para a criação de um terceiro filho.

De acordo com a própria Rebeca, em entrevista concedida ao site Huffington Post, a negligência Estatal é uma das principais fontes da questão do aborto:

Por que eu não sou uma, nós somos muitas. E elas existem. E o Estado precisa ver que essas mulheres necessitam de amparo. Porque todas elas são cidadãs, todas elas pagam impostos, todas elas merecem direito de decidir o que fazer com o seu corpo.

Tendo seu pedido negado pelo STF, espera até hoje por um Habeas Corpus preventivo para saber se poderá ou não ter o direito a sua saúde, física e psíquica.

Este é apenas um dos vários casos de mulheres que não possuem condições de sustentar uma gestação, e são inúmeros os motivos pelas quais elas decidem não levá-la adiante.

Por mais paradoxal que seja o Direito à Saúde não indisponível. E essa indisponibilidade seletiva é o que prejudica várias mulheres, expondo-as à riscos que poderiam ser evitados.

É necessário entender ainda que o aborto é regido por uma legislação de 1940, qual seja, o Código Penal Brasileiro, onde não se tinha as tecnologias que possuímos hoje, onde a mulher nem sabia se estava grávida, e só se descobria muito mais tarde, quando os sinais físicos já estavam visíveis.

Um debate legislativo deveria finalmente por fim a essa questão. No entanto, o tema ganhou contornos regressivos a partir do momento em que a PEC 181/2011 definiu a concepção como sendo o início da vida. Tendo isso como ponto de partida para os debates, é necessário discorrer um pouco mais sobre o tema, e por fim, entender que o Projeto de Emenda Constitucional é, por assim dizer, inconstitucional.

3.3 A DIGNIDADE DA PESSOA HUMANA E O ABORTO

O renomado jurista Ingo Wolfgang Sarlet define Dignidade Humana, em seu Artigo "A Eficácia do Direito Fundamental à Segurança Jurídica: Dignidade da Pessoa Humana, Direitos Fundamentais e Proibição de Retrocesso Social no Direito Constitucional Brasileiro", como sendo:

> (...) dignidade da pessoa humana a qualidade intrínseca e distintiva de cada ser humano que o faz merecedor do mesmo respeito e consideração por parte do Estado e da comunidade, implicando, neste sentido, um complexo de direitos e deveres fundamentais que assegurem a pessoa tanto contra todo e qualquer ato de cunho degradante e desumano, como venham a lhe garantir as condições existenciais mínimas para uma vida saudável, além de propiciar e promover sua participação ativa co-responsável nos destinos da própria existência e da vida em comunhão dos demais seres humanos.

Sendo a dignidade da pessoa humana, um dos princípios basilares republicanos e do Estado Democrático de Direito, é necessário entender que sua finalidade é a de garantir à pessoa tutelada pela Constituição Federal o mínimo de condições e direitos que devem ser respeitados para que esta pessoa possa viver como cidadão brasileiro de maneira adequada.

Quando se trata da dignidade das mulheres, principalmente dentro do tema "abortamento", grande parte das garantias previstas para homens (previdência, saúde, educação, igualdade perante a lei, férias, décimo terceiro salário) são disponibilizados a toda coletividade, o que se registra igualmente como um marco para a proteção das mulheres.

No entanto, apesar de estarem garantidos, na prática, o desrespeito a esses princípios, principalmente quando utilizam de argumento normas antigas, que não seguiram a modernização da sociedade brasileira e mundial, mas ainda se encontram positivadas no direito brasileiro. Nogueira Junior, em seu Artigo "Direito da Mulher: Autorizar o Aborto é Preservar o Princípio da Vida e da Dignidade Humana", elucida muito bem quanto ao tema, especificamente nos casos de aborto, mas que podem ser levados para outros ramos do direito:

> A interpretação literal do nosso arcaico Código Penal no concernente ao aborto mostra-se insuficiente para compreender a realidade e a violência perpetrada pelo Estado contra a única vítima desta tirania exegética: a mulher pobre. Mãe da Humanidade, a mulher pobre é punida

covardemente pela inquisição dogmática dos operadores do Direito, condenando-a abrigar no ventre (a monstruosidade de) um ser anencéfalo. Ela tem de ocupar um lugar ao sol, dispor de peso e voz na sociedade civil. Gerando a morte ao invés da vida, não há consolo porque a **história** da humanidade tem sido até o momento a história do próprio sistema capitalista.

Cumpre-se lembrar de o que foi dito no primeiro capítulo, o Brasil é um país conservador, e isso tem reflexo em seus legisladores. Isso se mostra cada vez mais evidente a partir do momento que a criação de projetos de lei que visam atacar os princípios aqui tratados, além de muitos outros, visam somente os interesses dos valores religiosos dos legisladores, desconsiderando a existência do bem de toda a coletividade, como é o caso da PEC 181 de 2015.

4.

A PEC 181/2015: conceito, histórico legislativo e os debates na câmara

4.1 PROJETO DE EMENDA CONSTITUCIONAL

4.1.1 Conceito

É importante que se saiba como e por que o tema deste trabalho de conclusão de curso foi submetido à apreciação do Poder Legislativo, de modo que, os debates acerca do tema tenham sido trabalhados por meio de Emenda à Constituição, ou seja, uma espécie normativa prevista na CF/88, desde sua concepção, em 2011 e alteração, em 2015.

Nas palavras de FIGUEIREDO Dantas (2014), sobre espécies normativas na Constituição Federal de 1988:

> (...) as espécies normativas relacionadas na Constituição de 1988, e submetidas à processo legislativo fixado pelo texto constitucional, são normas primárias (autônomas), que extraem sua legitimidade da própria Carta Magna, não havendo, portanto, qualquer relação hierárquica entre elas. A única exceção dá-se em relação às emendas constitucionais, que estão em patamar hierárquico superior a todas as demais normas previstas na Constituição, porque são autênticas normas constitucionais.

Assim, subentende-se que, as emendas subsequentes à Constituição Vigente estão, dentro da Pirâmide de Kelsen, no mesmo nível que as Normas Constitucionais Originárias, ou seja, as criadas pelo poder criadas pelo Poder Constituinte Originário, ocupando o pico da pirâmide, com *status* constitucional.

Sendo assim, ainda em Figueiredo Dantas (2014), cabe a conceituação de Emenda à Constituição:

> (...) as emendas constitucionais são editadas pelo denominado poder constituinte derivado reformador, também denominado, poder de emenda, ou, ainda, poder de revisão, e que têm por escopo, justamente alterar a Constituição em vigor. Em outras palavras, o poder constituinte derivado reformador é aquele que, amparado na própria vontade do poder constituinte originário, permite que a constituição sofra modificações, nos termos expressamente fixados no

texto constitucional, pelo próprio poder constituinte originário.

Nas palavras do brilhante constitucionalista Pedro Lenza (2014), completando o descrito acima, tem-se ainda que o referido Poder Constituinte Derivado Reformador é um poder "condicionado e limitado às regras instituídas pelo originário, sendo assim, um poder jurídico", que ainda poderão ser "controladas, tanto em seu aspecto formal (...) , quanto seu aspecto material (cláusulas pétras – Art. 60, parágrafo 4º, I a IV)".

Desta forma, não poderá ser objeto de emenda, o rol elencado no Art. 60, parágrafo 4º, I a IV, ou seja, as EC que versem sobre a forma federativa do Estado, o voto direto, secreto, universal e periódico, a separação dos poderes e os direitos e garantias individuais. Em nenhuma dessas hipóteses, o tema deste trabalho é abarcado. No entanto, resta saber qual o motivo pelo qual a criminalização total do aborto em todas as hipóteses virou tema central da PEC 181/2015.

4.2 PROCEDIMENTO LEGISLATIVO

Por ser espécie normativa tratada na Constituição Federal, a Emenda à Constituição tem uma tramitação diferente das leis ordinárias e complementares, e também difere das duas últimas em relação à sua iniciativa.

No Artigo 60, incisos I, II e III da CF, é posto que as EC são competência privativa e concorrente, não sendo permitida iniciativa de quaisquer entes que sejam diferentes dos dispostos no texto constitucional. Sendo assim, compete privativamente à propositura de EC ao Presidente da República, 1/3, no mínimo, dos membros do Senado Federal ou Câmara de Deputados ou de mais da metade das Assembleias Legislativas das unidades de Federação, ou seja, 26 Estados-Membros, com a adição da Câmara Legislativa do Distrito Federal, totalizando 27 entes.

Pedro Lenza (2014), mais uma vez, elucida o tema com uma explicação objetiva e plausível, senão vejamos:

> A proposta de emenda será discutida e votada em cada Casa do Congresso Nacional, em 2 turnos, considerando-se aprovada se obtiver, em ambos, 3/5 dos votos dos respectivos membros(...)"No tocante ao processo legislativo, interessante notar que i texto aprovado por uma Casa não pode ser modificado pela outra sem que a matéria volte para apreciação da Casa iniciadora. O Congresso Nacional tem utilizado a técnica da PEC Paralela, ou seja, a parte da PEC que não foi modificada é promulgada e a parte modificada volta para reanálise, como se fosse uma nova EC, para a Casa Iniciadora.

Antes de começar seu trâmite no plenário das Casas, a PEC é trazida para apreciação de uma das

Comissões Permanentes, onde sua competência é definida em razão da matéria, onde cada Casa tem, de acordo com seu regimento interno, suas comissões para análise de projetos de lei, realização de audiências públicas, realização de CPIs e etc.

Passado esse procedimento, a promulgação da EC deve ser realizada pelas Mesas do Congresso Nacional, sendo acompanhada de seu respectivo número de ordem, que nada mais é que o número de vezes que a PEC foi alterada. Além disso, cabe informar que não existe possibilidade de veto presidencial, e após sua promulgação, a PEC é finalmente publicada.

4.3 DAS COMISSÕES PERMANENTES E ESPECIAIS

As Comissões Permanentes são órgãos técnicos, criados pelo Regimento Interno das Casas, e constituído de Deputados ou Senadores, e possuem a finalidade de discutir e votar as propostas de leis que são apresentadas às Casas do Congresso Nacional.

Elas se manifestam emitindo um parecer técnico em relação a determinadas propostas de leis, por meio de pareceres, antes de o assunto ser levado ao Plenário da Casa, agindo como uma espécie de filtro de admissibilidade para estas. Podem ainda aprovar ou rejeitar determinadas propostas, sem que seja necessária apreciação do Plenário da Casa.

A composição parlamentar destes órgãos é renovada a cada ano, sempre atuando como mecanismos de controle dos programas e projetos executados ou execução, estes por parte do Poder Executivo.

São Comissões Permanentes da Câmara dos Deputados:

- Comissão de Agricultura, Pecuária, Abastecimento e Desenvolvimento Rural - CAPADR

- Comissão de Ciência e Tecnologia, Comunicação e Informática - CCTCI

- Comissão de Constituição e Justiça e de Cidadania - CCJC

- Comissão de Cultura - CCULT

- Comissão de Defesa do Consumidor - CDC

- Comissão de Defesa dos Direitos da Mulher – CMULHER

- Comissão de Defesa dos Direitos da Pessoa Idosa - CIDOSO

- Comissão de Defesa dos Direitos das Pessoas com Deficiência - CPD

- Comissão de Desenvolvimento Urbano - CDU

- Comissão de Desenvolvimento Econômico, Indústria, Comércio e Serviços - CDEICS

- Comissão de Direitos Humanos e Minorias - CDHM

- Comissão de Educação - CE

- Comissão do Esporte - CESPO

- Comissão de Finanças e Tributação - CFT

- Comissão de Fiscalização Financeira e Controle - CFFC

- Comissão de Integração Nacional, Desenvolvimento Regional e da Amazônia CINDRA

- Comissão de Legislação Participativa - CLP

- Comissão de Meio Ambiente e Desenvolvimento Sustentável - CMADS

- Comissão de Minas e Energia - CME

- Comissão de Relações Exteriores e de Defesa Nacional - CREDN

- Comissão de Segurança Pública e Combate ao Crime Organizado - CSPCCO

- Comissão de Seguridade Social e Família - CSSF

- Comissão de Trabalho, de Administração e Serviço Público - CTASP

- Comissão de Turismo - CTUR

- Comissão de Viação e Transportes - CVT

São Comissões Permanentes do Senado Federal[1]:

- Comissão Diretora

- Assuntos Econômicos (CAE)

- Assuntos Sociais (CAS)

- Constituição, Justiça e Cidadania (CCJ)

- Educação, Cultura e Esporte (CE)

- Meio Ambiente, Defesa do Consumidor e Fiscalização e Controle (CMA)

- Direitos Humanos e Legislação Participativa (CDH)

- Relações Exteriores e Defesa Nacional (CRE)

- Serviços de Infraestrutura (CI)

- Desenvolvimento Regional e Turismo (CDR)

- Agricultura e Reforma Agrária (CRA)

- Ciência, Tecnologia, Inovação, Comunicação e Informática (CCT).

Já no que refere às comissões especiais, são órgãos criados pelo Presidente de Cada casa, para que aprecie matérias específicas, como Projetos de Emenda à

---

[1] https://www12.senado.leg.br/noticias/glossario-legislativo/comissoes-permanentes

Constituição, Projetos de Alteração de Ordenamento Jurídico e até mesmo Crimes de Responsabilidade do Presidente, Vice-Presidente ou Ministro de Estado.

São órgãos de extrema importância dentro da política brasileira, pois se observa que sempre estão presentes em qualquer discussão que envolva assuntos que afetem diretamente o cotidiano do povo brasileiro.

4.4 A PEC 181/2015 NO CONGRESSO NACIONAL

4.4.1 Projetos Antecessores à PEC 181/2015: A PEC 58-A/2011

Em 2011, o Deputado Federal Jorge Silva, do Partido Democrático Trabalhista do Espírito Santo (Atualmente no Partido Solidariedade), propôs a alteração do inciso XVIII do Artigo 7º da Constituição Federal, para que fosse possível a alteração no prazo da licença-maternidade em caso de mulheres que dessem luz a bebês prematuros, fazendo com que o prazo aumentasse de acordo com a quantidade de dias em que o recém-nascido permanecesse internado.

A Comissão de Constituição e Justiça e de Cidadania na Câmara dos Deputados foi a responsável por analisar o objeto da PEC, passando à apreciação de seus requisitos mínimos para que seja encaminhada ao plenário da casa, onde o Relator, o Sr. Deputado Marcos Rogério, ao dar seu voto, julgou procedente a continuidade da tramitação, pois se enquadrava nos requisitos estipulados pelo Regimento Interno da Casa e da Lei Complementar nº 95 de 1988, que versa sobre criação de Leis, se não vejamos:

> À Comissão de Constituição e Justiça e de Cidadania cabe apreciar as propostas em exame apenas sob o aspecto da admissibilidade, conforme determina a alínea b, inciso IV, art. 32, do Regimento Interno da Câmara dos Deputados. A proposta de emenda à Constituição em exame atende aos requisitos constitucionais do § 4.º, art. 60, não se vislumbrando em suas disposições nenhuma tendência para abolição da forma federativa do Estado, do voto direto, secreto, universal e periódico, da separação dos Poderes ou dos direitos e garantias individuais. Não se verificam, também, quaisquer incompatibilidades entre a alteração que se pretende fazer e os demais princípios e normas fundamentais que alicerçam a Constituição vigente. O País não se encontra em estado de sítio, estado de defesa ou intervenção federal (§ 1.º, art. 60, CF). A matéria tratada na proposta não foi objeto de nenhuma outra que tenha sido rejeitada ou tida por prejudicada na presente sessão legislativa, não se aplicando, portanto, o impedimento de que trata o § 5.º, art. 60, do texto constitucional. A exigência de subscrição por no mínimo um terço do total de membros da Casa (inciso I, art. 60, CF) foi observada, contando as propostas com 176 assinaturas válidas. No que se refere à técnica legislativa, nenhum reparo há a ser feito. A proposição está bem redigida e foi elaborada em inteira conformidade com o disposto na

Lei Complementar nº 95, de 1998, que dispõe sobre as normas de elaboração das leis. No entanto, é preciso destacar que será necessária a apresentação de emenda para correção do vocábulo recém-nascido, que foi redigido equivocadamente sem o hífen necessário. Todavia, tal correção será feita no foro próprio que é a Comissão Especial a ser criada para apreciação do mérito da matéria. 3 Isto posto, nosso voto é no sentido da admissibilidade da Proposta de Emenda à Constituição de nº 58, de 2011.

Contudo, ao terminar a Legislatura dos anos 2011-2014, o Artigo 105 do Regimento Interno da Câmara dos Deputados traz a necessidade de arquivamento de todas as proposições durante a vigência da legislatura, salvo algumas exceções. Como não se enquadrava nestas exceções, a PEC 58-A de 2011 foi arquivada.

4.4.2 A PEC 181/2015 – Histórico Legislativo

Após o início de mais uma legislatura no ano de 2015, foi solicitado desarquivamento da PEC 58-A de 2011, com o objetivo de que fosse mais uma vez analisada pela Comissão Especial que foi criada para apreciá-la.

Neste mesmo ano, o então senador da república Aécio Neves propôs a PEC tema deste artigo, onde também tinha como objeto a extensão da licença-maternidade em caso de partos prematuros, que, por determinação do Regimento Interno da Câmara dos Deputados, no seu artigo 143, II, alínea a, por conta das matérias possuírem correlação, foi determinado que ambas as PECs devessem ser apreciadas pela mesma Comissão Especial, qual seja, a da PEC 58-A/2011, em 26 de Maio de 2015.

No entanto, apesar do objeto tem um "fim nobre", qual seja, a proteção dos prematuros e extensão do direito das mães de ficar mais tempo com sua prole em estado de saúde frágil, os debates legislativos caminharam para uma discussão mais densa acerca da proteção do Estado em relação aos nascituros2.

Em 15 de Agosto de 2017, o Sr. Deputado Jorge Tadeu Mudalen, do Partido Democratas de São Paulo emitiu parecer favorável às PEC's ali apreciadas, com um substitutivo.

Em seu parecer, foi ressaltada a realização de inúmeras audiências públicas com especialistas sobre o tema, incluindo professores e doutores favoráveis a causa pró-vida, mas em nenhum momento foram ouvidos profissionais ou entidades pró-aborto, apesar de, no mesmo relatório, ter defendido a tese do pluralismo de ideias.

> Defendeu o palestrante, portanto, que devemos promover o pluralismo efetivo, dando oportunidade para todos se manifestarem, inclusive àqueles que não concordam com o aborto, num debate democrático e

racional, e não, como ocorre, descartando de imediato aqueles argumentos de ordem religiosa, sem considerar que os mesmos convergem, em suas conclusões, com outros argumentos de natureza científica, filosófica e sociológica.

Além disso, dando prosseguimento a análise do parecer do relator, o ilustre deputado incluiu a alteração, não somente do Artigo 7º, inciso XVIII da Constituição Federal, que disciplina a proteção aos partos prematuros, como também a inclusão da expressão "proteção da vida, desde sua concepção" no caput do Artigo 5º da Carta Magna vigente.

As Mesas da Câmara dos Deputados e do Senado Federal, nos termos do § 3º do art. 60 da Constituição Federal, promulgam a seguinte Emenda ao texto constitucional: Art. 1º O inciso XVIII, do art. 7º da Constituição Federal, passa a vigorar com a seguinte redação: "Art.7º (...) XVIII – licença à gestante, sem prejuízo do emprego e do salário, com a duração de cento e vinte dias, estendendo-se, em caso de nascimento prematuro, à quantidade de dias que o recém-nascido passar internado, não podendo a licença exceder a duzentos e quarenta dias. Art. 2º Dê-se a seguinte redação ao inciso III do art. 1º da Constituição Federal: "Art.1º (...)III- dignidade da pessoa humana, desde a concepção;"Art. 3º Dê-se a seguinte redação ao caput do art. 5º da Constituição Federal: "Art. 5º Todos são iguais perante a lei, sem distinção de qualquer natureza, garantindo-se aos brasileiros e aos estrangeiros residentes no País a inviolabilidade do direito à vida desde a concepção, à liberdade, à igualdade, à segurança e à propriedade, nos termos seguintes (...).

A polêmica começa quando, a deliberação acerca do substitutivo constitui objeto diverso ao objeto inicial da PEC, fazendo com que esta PEC tenha ganhado a alcunha de "PEC Cavalo-de-Troia", apelido este que remete ao grande Cavalo oferecido pelos Gregos aos Troianos, que foi determinante para a derrota dos últimos na Guerra de Troia, narrada na Ilíada de Homero. Em outras palavras, por ter apresentado objetos não discutidos de forma integral, a PEC seria um "presente de grego" para todas as mulheres, que teriam suas condutas abortivas criminalizadas em casos permitidos pelo Código Penal, ou seja, consequências alarmantes em um país onde as taxas abortivas são altas.

Em entrevista ao jornal Nexo, a advogada e fundadora da Rede Feminista de Juristas, Marina Ganzarolli, ao ser questionada sobre o contexto da votação, é bastante clara quanto ao real objetivo do tema:

Na minha dissertação de mestrado, olho para as justificativas dos deputados nos projetos de lei apresentados até 2013. O que os nossos deputados mais legislam em relação à mulher é sobre nosso corpo, nossa autonomia sexual e reprodutiva. Eu vejo precisamente [a proposta] como a gente tem nomeado um Cavalo de Troia. Porque foi algo que foi alterado no caminho, utilizando-se dessa atual conjuntura conservadora. Esse é um padrão recorrente na atividade legislativa desses que são homens, brancos, heterossexuais, com privilégios, e que decidem sobre as nossas vidas.

Além disso, Comissão Especial formada para a apreciação da referida PEC possui 35 membros, dos quais eram necessários pelo menos 18 votos favoráveis para sua aprovação. No entanto, após atingir o quórum mínimo, as comunicações foram interrompidas e os deputados que gostariam de apresentar seu voto não tiveram a oportunidade de fazê-lo, o que resultou em protestos por partes destes, em votos apartados do plenário da Comissão Especial.

Neste contexto, além da evidente estratagema que atenta diretamente ao direito reprodutivo das mulheres brasileiras, foram feitas duras críticas ao ativismo judicial perpetrado pelo Supremo Tribunal de Justiça durante todos os depoimentos nas audiências públicas, onde colocam a corte, em linhas gerais, como usurpadora de funções inerentes ao poder legislativo, sem sequer se analisar todo o contexto do tema, que, aliás, já foi objeto de discussão em 2012, na Arguição de

Descumprimento de Preceito Fundamental nº 54, que tratou da permissibilidade, por meio de jurisprudência, do aborto em caso de anencefalia do feto, onde já não existe mais perspectiva de vida extra-uterina do recém nascido.

Passado a conclusão dos debates na comissão especial em e prosseguimento da próxima fase para aprovação e promulgação da PEC 181/2015, faz-se necessária uma análise dos reflexos no futuro do cotidiano brasileiro acerca do tema, analisando de forma comparativa como o ativismo judicial no mundo sobre o aborto pode ser utilizado no Brasil, que sofre com o conservadorismo velado em várias de suas instituições, fator esse que impede, não somente na questão do aborto, o país progredir aos moldes dos demais países em pleno século XXI.

5.

Os reflexos do pós PEC e soluções para o contexto brasileiro

Com o trâmite da PEC no Congresso Nacional, o temor acerca de sua aprovação deixa os núcleos sociais que são interessados nos temas alarmados. Além disso, os números do aborto no Brasil ainda preocupam, e as medidas que o Estado e seus representantes tomam em relação a isso deixa o quadro da questão ainda mais grave.

A Pesquisa Nacional do Aborto de 2016, já mencionada neste trabalho como fonte de dados acerca dos abortos e seus reflexos sociais, trás diversos pontos que revelam o quanto a sociedade brasileira realiza a prática – cerca de 503 mil por ano, com dados de 2015 – e a evolução deste problema de saúde pública, que onera não somente o Estado Brasileiro, que contabiliza mais e mais mortes de mulheres pobres e carentes, vítimas de abortos clandestinos, sem fazer nenhuma ação contundente.

5.1 O ABORTO NO BRASIL COMO UM PROBLEMA DE SAÚDE PÚBLICA

De acordo com Jefferson Drezett, o aborto é considerado um problema de saúde pública, É assim considerado, por conta de dois fatores: não é algo que aconteça de forma rara e excepcional e, necessariamente, precisa causar impacto sobre a saúde geral das pessoas.

Dados indicam que a taxa de abortamento difere entre as regiões geográficas brasileiras, no entanto, se mostram com números muito próximos, o que derruba o velho argumento de que em regiões mais pobres, o número de abortos é maior que os de grandes centros, se não vejamos:

> Dito isto, as taxas de realização não são uniformes segundo grupos. São, por exemplo, maiores entre mulheres nas regiões Norte/ Centro-Oeste e Nordeste (15% e 18%) do que nas regiões Sudeste e Sul (11% e 6%), em capitais (16%) do que em áreas não metropolitanas (11%), com escolaridade até quarta série/quinto ano (22%) do que com nível superior frequentado (11%), renda familiar total mais baixa (até 1 salário-mínimo – S.M., 16%) do que mais alta (mais

de 5 S.M., 8%), amarelas, pretas, pardas e indígenas (de 13% a 25%) do que entre brancas (9%), hoje separadas ou viúvas (23%) do que entre casadas ou em união estável (14%) e entre as que hoje têm filhos (15%) do que entre as que nunca tiveram (8%). Ressalvadas algumas variações, esse é um padrão semelhante ao observado em 2010.

Corroborando o dado acima, Anibal Faundes, médico chileno e Diretor do Centro de Assistência Integral à Saúde da Mulher da UNICAMP, explica sua visão sobre o tema.

Faundes se formou em medicina em 1955 na Universidade do Chile. Ainda no internato, o período da graduação em que os alunos trabalham e moram no hospital, ele se sensibilizou com os maus-tratos e o estigma enfrentados pelas mulheres que faziam aborto.

Em entrevista à Folha de São Paulo datada de 1994, afirma que, desde quando começou a realizar a prática, em 1953, no Chile, e assim que veio ao Brasil, o quadro abortivo não mudou.

Em seus primeiros dias na medicina, Faundes afirma que realizava a curetagem – método de raspagem do útero da mulher para realização do procedimento – sem anestesia, conforme era determinado pelo ambiente em que estava. Ele e a equipe de enfermagem na época negligenciavam as mulheres de propósito, pois no Chile, naquela época, as mulheres que realizavam o procedimento eram criminosas.

Com o passar do tempo, Faundes passou a ouvir as mulheres. E além disso, é categórico ao afirmar que ele, e ninguém, é a favor do aborto, mas sim, a favor da mulher decidir o que é melhor para sua vida.

O aborto é praticado em todas as faixas sociais. A forma de aborto é que varia. A estimativa é de que 10% a 12% das mortes maternas (aquelas que acontecem durante a gravidez ou logo depois do parto) estejam ligadas ao aborto. Eu sou contra. Aliás, não acredito que haja alguém a favor do aborto. Eu sou a favor do direito da mulher de escolher se quer ou não interromper a gravidez. Hoje a legislação permite o aborto em duas situações. A primeira é se a gravidez coloca a vida da mulher em risco e a segunda é em caso de estupro.

Em Julho de 2016, em entrevista a Ricardo Zorzetto, Faundes ainda critica e muito o sistema que ainda trata as mulheres como criminosas. Quase vinte anos após sua histórica entrevista à Folha de São Paulo, o Estado ainda negligencia as mesmas mulheres, que morrem ano após ano, sabendo que o aborto ocorre e vai continuar ocorrendo, mesmo criminalizado.

Nos lugares em que é crime, oculta-se a morte por aborto. Em um estudo feito pela médica Mary Angela

Parpinelli, que analisou cerca de mil mortes de mulheres de 10 a 49 anos em Campinas no início dos anos 1990, a causa de morte materna mais subnotificada era o aborto. Há um número de mortes que aparece nas estatísticas oficiais, que são as que estão registradas nos atestados de óbito. Mas, ao estudar uma por uma as mortes de mulheres com idade entre 10 e 49 anos, descobre-se um número importante de mortes maternas que não estava nas estatísticas. Se não me engano, só 35% das mortes por aborto estavam registradas. Não deveria ocorrer nenhuma morte por aborto, porque hoje é um procedimento tão simples que não deveria causar mais risco do que uma injeção de penicilina. Não estou exagerando: parto é muito mais arriscado do que um aborto. Não sou e não conheço quem seja. Mas sou absolutamente contra que uma mulher que faz um aborto seja condenada. São coisas totalmente diferentes. Tanto que os países com menores índices de aborto muitas vezes são aqueles com leis menos restritivas e com mais acesso à assistência. Publicamos no ano passado um artigo mostrando que, quando se legaliza o aborto, inicialmente há aumento da taxa. Não sabemos se é porque se registra mais ou porque aumentou de fato. Logo depois, a taxa começa a cair. O efeito da legalização do aborto é diminuir o número de abortos. A mulher que faz um aborto preferiria não ter engravidado. Ela não é favorável; apenas vê o aborto como a única solução. Não é correto dizer que a mulher terá problemas emocionais se fizer o procedimento. Haverá problemas emocionais por ela ter engravidado quando não queria ter um filho. O que o aborto causa na mulher é alívio. Ser a favor ou contra é um falso dilema. Condenar a mulher só dificulta a resolução do problema. A saída é dar acesso universal à educação sexual desde criança, à informação correta e aos métodos contraceptivos de alta eficácia, seguindo a escolha da mulher. Porque, se a mulher quer usar pílula e não DIU, ela tem direito. Se ela não se cuidar, a probabilidade de engravidar sempre será maior.

Ano após ano, cada vez mais vidas são ceifadas das mulheres brasileiras que se submetem ao aborto clandestino. Seja ele por meio de curetagem, utilizando venenos ou elementos cáusticos. Um número difícil de precisar, mas que assusta, pois continua crescendo. As soluções já estão sendo empregadas em países de primeiro mundo, aonde a questão do aborto há muito tempo já vem sido discutida e de alguma forma, são ações por parte de outros governos que o Brasil deveria se espelhar.

5.2 UMA SOLUÇÃO REALISTA PARA A QUESTÃO DO ABORTO NO BRASIL EXISTE?

O Ministro Roberto Barroso, em seu voto no Habeas Corpus 124.306/RJ, onde tratou da concessão da liberdade de integrantes de uma clínica de aborto clandestino, tratou a questão de forma clara e sucinta. Não a questão do aborto em si, mas sim, a questão dos direitos que a mulher deve ter em relação ao seu corpo e seu direito reprodutivo.

De forma direta, Barroso assentou que não existe uma solução que englobe todas as demandas das partes interessadas, sem que haja o prejuízo de um e de outro, e dentro do contexto brasileiro, esse tipo de dicotomia é plausível, apesar de, eticamente, o dever de proteger a mulher deveria ser a única questão a ser defendida, senão, vejamos:

> Não há solução jurídica para esta controvérsia. Ela dependerá sempre de uma escolha religiosa ou filosófica de cada um a respeito da vida. Porém, exista ou não vida a ser protegida, o que é fora de dúvida é que não há qualquer possibilidade de o embrião subsistir fora do útero materno nesta fase de sua formação. Ou seja: ele dependerá integralmente do corpo da mãe. Esta premissa, factualmente incontestável, está subjacente às ideias que se seguem.

No entanto, é imperativo que se mostre proporcional, por parte do Estado, o modo como as mulheres que optarem por interromper a gestação por livre e espontânea vontade, fazendo com que elas não sejam punidas por ter tomado uma decisão. Uma decisão que cabe única e exclusivamente a ela, sem exposição, sem qualquer tipo de ônus para sua vida, desde que resguardado os requisitos mínimos para a concretização do procedimento.

A conscientização da sociedade em torno do aborto levaria muito mais tempo, e ao custo de muito mais vidas. O Brasil sofre com o conservadorismo de idéias, e isto não é novidade. Desta forma, a única solução, vislumbrando a enorme quantidade de tempo, aqui se falando em anos, para a alteração de mentalidade de uma sociedade é a legalização do aborto, em todos os seus aspectos, resguardados os requisitos biológicos para tal.

Quanto à descriminalização e os requisitos para realização do aborto seguro, Portugal é uma país para a futura legislação acerca do tema se espelhar. Descriminalizado em 2007 por meio de um plebiscito, o segundo sobre o tema no país, sendo o primeiro datado de 1998, onde os votos pela criminalização ganharam com uma pequena margem percentual.

Em terras lusitanas, a mulher tem o direito de decidir sobre o que fazer com seu corpo até a décima semana de gestação, tempo suficiente para realização dos prós e contras de uma gestação indesejada.

O Nexo Jornal, em matéria de Fevereiro de 2017, assevera o seguinte, acerca do tema:

> Depois de uma década da política em vigor, a ONG portuguesa Associação para o Planejamento da Família fez um balanço com os números relacionados ao aborto no país, divulgados pelo Serviço Nacional de Saúde português. Em linhas gerais, a legalização fez com que o

número de abortos caísse e praticamente zerou o número de mortes decorrentes do procedimento.

Além disso, houve uma notória diminuição do número de abortos em Portugal, com dados do Serviço Nacional de Saúde Português, na mesma matéria: Na década de 1970, o número de abortos em Portugal ultrapassava 100 mil. Destes, 2% resultavam em morte (o aborto era a terceira causa de morte das mulheres). Naquela época, todos os abortos eram ilegais - por isso, o número é apenas uma estimativa. Dados mais recentes, de 2008, mostram que o país registrou 18.014 abortos. O número cresceu ligeiramente nos primeiros anos da legalização, mas desde 2013 está em queda constante. Em 2015 foram 10% menos abortos do que em 2008.

Colocando em miúdos, Portugal passou por um sério momento de conscientização de sua população, o que tornou possível, a descriminalização do aborto até décima semana de gestação da mulher portuguesa, colocando a máquina pública em seu favor.

Sendo assim, é evidente que existe uma forma racional de solucionar o problema. Espelhando-se em outros países que legislaram acerca da descriminalização do aborto nas primeiras semanas de gestação, fica muito menos trabalhoso no âmbito legal.

O grande desafio é a conscientização do povo brasileiro, de modo que o conservadorismo de ideias seja deixado para trás, para que por fim o progresso alcance quem realmente dele necessita.

CONSIDERAÇÕES FINAIS

Mais uma vez, durante todo o andamento deste trabalho, a questão do aborto foi novamente trazida à tona, questão essa que se tornou um problema de saúde pública no decorrer dos anos da sociedade brasileira, não pelo ato de abortar e sim, pelo número assustador de mulheres que morrem diariamente em decorrência de abortos clandestinos, realizados sem qualquer tipo de segurança, higiene e respaldo legal em mulheres que muitas vezes procuram a realização desse procedimento por puro desespero.

O fato é que, nenhuma pessoa é a favor do aborto. É um procedimento doloroso, tanto física quanto psicologicamente, e muitas vezes deixa a mulher que recorre a ele abalada por um bom tempo de sua vida. A insurgência a despeito da descriminalização é uma tentativa de vozes racionais buscarem por um fim no número de mortes de mulheres, em sua maioria, pobres e sem condições de criar um filho, ou mais de um.

A PEC 181 de 2015, objeto de estudo deste trabalho, é mais uma afronta do Estado Brasileiro aos direitos destas mulheres, que já são marginalizadas pelo próprio sistema e sociedade, numa tentativa de retirar o mínimo de dignidade que estes seres humanos deveriam ter.

Proibir uma mulher de fazer o que for de sua vontade com seu corpo, desde que respeitados os limites biológicos impostos pela ciência já é um grande sinal de retrocesso. Proibir uma mulher que foi estuprada de abortar um filho que não deseja, é maldade. Proibir uma mulher que aborte um filho que não terá chances de vida fora do útero em decorrência de anencefalia, é maldade. Fazer uma mulher ter um filho que coloque em risco sua própria vida durante a gravidez, é maldade.

O Estado Brasileiro está longe de ser um Estado perfeito. Porém, quando deixa que os homens que compõem seu quadro legislativo misturar interesses pessoais, religiosos e morais com o serviço público, tem-se a certeza de que o status de "perfeição" ou até mesmo o mínimo para que se possa viver no país está bem longe de ser realidade, e enquanto isto tiver acontecendo, a sociedade brasileira está ameaçada por quem deveria olhar por ela.

Desta forma, cabe ao povo o enfrentamento combativo às idéias nefastas que visam deturpar a vida dos brasileiros e retirar direitos que, após muito sangue e suor, foram conseguidos e, apesar de ser um "lugar de fala" feminino, é importante que homens comecem a entender e se posicionar a favor do bem comum, deixando as diferenças de lado, levando finalmente a Constituição Federal à sua literalidade, aonde todos são iguais perante à lei.

Os direitos à vida, a dignidade humana e autonomia da vontade humana foram sim, adquiridos de forma trágica e penosa, e o povo deve se esforçar diariamente para que estes tempos sombrios jamais retornem, sendo a questão do aborto e a PEC 181/2015 apenas uma das várias tentativas de pessoas más intencionadas de estipularem um modo de vida restrito ao povo brasileiro.

A PEC 181/2015 e o aborto no Brasil

SOBRE O AUTOR

Bacharel em Direito pelo Centro Universitário Filadélfia – Campus Londrina. Especialista em Direito e Processo Civil no Instituto de Direito Constitucional e Cidadania de Londrina. Pós-Graduando em Direito Empresarial pela Escola Brasileira de Direito. Pesquisador em Grupos de Pesquisa Voltados às áreas dos direitos humanos e processo civil. Mediador Judicial e Advogado.

A PEC 181/2015 e o aborto no Brasil

Referências

AIALA. Adriane de Fátima. **O controle judicial de políticas públicas como garantia de efetividade do direito fundamental à saúde.** Ibaiti, 2011.

BEDINELLI, Talita **"O mesmo amor que se faz um parto, se faz um aborto".** Publicado em Jornal El País, 08 de Março de 2014. Disponível em:

<https://brasil.elpais.com/brasil/2014/03/08/socieda d/1394236454_746976.html>. Acesso em: 10 junho. 2018.

BRANDALISE, Camila **Quem manda no meu corpo sou eu.** Publicado em Revista IstoÉ, 24 de Novembro de 2017. Disponível em: <https://istoe.com.br/quem-manda-no-meu-corpo-sou-eu/>. Acesso em: 10 junho. 2018.

BRASIL, Governo do; **Constituição de 1988 é marco na proteção às mulheres.** 03 de Secretaria de Políticas para as Mulheres. Outubro de 2013. Disponível em: <http://www.brasil.gov.br/cidadania-e-justica/2013/10/constituicao-de-1988-e-marco-na-protecao-as-mulheres>. Acesso em: 14 maio. 2018.

BRASIL. Supremo Tribunal Federal. Arguição de Descumprimento de Preceito Fundamental nº 54. Relator Min. Celso de Mello, 2004.

BRASIL. Supremo Tribunal Federal. Habeas Corpus 124.306/RJ. Redator Min. Luis Roberto Barroso, 2016.

BRASIL, Senado Federal. **Das Comissões Temporárias** – Disponível Digitalmente em:

<http://www2.camara.leg.br/atividade-legislativa/comissoes/comissoes-temporarias>.

BRASIL, Senado Federal. **Das Comissões Permanentes**– Disponível Digitalmente em:

<https://www12.senado.leg.br/noticias/glossario-legislativo/comissoes-permanentes>.

BRASIL, Senado Federal. Disponível em:

<http://www.camara.gov.br/proposicoesWeb/fichadet ramitacao?idProposicao=2075449>.

CAMARGO, Luciana. **Médico Diz Que Unicamp Faz Aborto.** Publicado em Folha Sudeste, 16 de Junho de 1994; Disponível em:

<http://www1.folha.uol.com.br/fsp/1994/6/16/cotidia no/1.html>. Acesso em: 10 junho. 2018.

CARVALHO, Gustavo Vinicius Oliveira. **O Ativismo Judicial e a Implementação do Direito Fundamento à Saúde**. Londrina, 2015.

CAVALCANTE, Alcilene; XAVIER, Dulce; **Em defesa da vida: aborto e direitos humanos**. São Paulo: Católicas pelo Direito de Decidir, 2006.

DINIZ, Debora; MEDEIROS, Marcelo, MADEIRO, Alberto. **Pesquisa Nacional de Aborto 2016**. Ciênc. saúde coletiva [online]. 2017, vol.22.

DIP, Andrea. **Lei é Eficaz Para Matar Mulheres, Diz Especialista.** Publicado em A Publica, 17 de Setembro de 2013. Disponível em: <https://apublica.org/2013/09/lei-e-eficaz-para-matar-mulheres-diz-pesquisador/>. Acesso em: 10 junho. 2018.

FARIAS, Adriana. **O Obstetra Jefferson Drezzet Fez Mais de 600 Abortos Legais.** Publicado em Veja São Paulo, 01 de Junho de 2017; Disponível em: <https://vejasp.abril.com.br/cidades/aborto-jefferson-drezett-perola-byington/>. Acesso em: 10 junho. 2018.

FIGUEIREDO DANTAS, Paulo Roberto; **Curso de Direito Constitucional**. São Paulo: Atlas, 2014.

LENZA, Pedro. **Direito Constitucional Esquematizado**. São Paulo: Saraiva, 2014.

LIMA, Juliana Domingos de. **O que diz a PEC 181. E qual seu impacto sobre o aborto legal** Disponível em:

<https://www.nexojornal.com.br/expresso/2017/11/10/O-que-diz-a-PEC-181.-E-qual-seu-impacto-sobre-o-aborto-legal>. Acesso em: 13 maio. 2018.

MARIA, Iacio. **Aborto ao redor do mundo**. Publicado em Esquerda Diário, 14 de Novembro de 2015; Disponível em: <http://www.esquerdadiario.com.br/Aborto-legal-x-aborto-ilegal-a-realidade-pelo-mundo-afora>. Acesso em: 10 junho. 2018.

NOGUEIRA JUNIOR, Antonio de Assis. **Direito da Mulher: Autorizar o Aborto é Preservar o Princípio da Vida e da Dignidade Humana.** Disponível em: < https://www.conjur.com.br/2008-mar-25/autorizar_aborto_ preservar _principio_ vida>. Acesso em: 10 junho. 2018.

NORONHA, Magalhães. **Direito Penal.** São Paulo: Saraiva, 1995. vol. 2, p.58.

PORTO, Rozeli Maria; GROSSI, Miriam Pillar**. Aborto: uma visão humanística** – Plataforma SciElo; 2008 Disponível em: <http://www.scielo.br/scielo.php?script=sci_arttext&pid=S0104-026X2008000200031>. Acesso em: 10 junho. 2018.

PRADO, Danda. **O que é aborto**. Coleção Primeiros passos. São Paulo: Abril-Cultural/Brasiliense, 1985.

SARLET. Ingo Wolfgang. **Os direitos fundamentais sociais na Constituição de 1988**. Revista Diálogo Jurídico. Salvador. v.1, n.1. Abril, 2001.

SARLET, Ingo Wolfgang. **A Eficácia do Direito Fundamental à Segurança Jurídica: dignidade da pessoa humana, direitos fundamentais e proibição de retrocesso social no direito constitucional brasileiro.** Disponível em: <http://www.mundojuridico.adv.br/sis_artigos/artigos. asp?codigo=54>. Acesso em: 16 junho. 2018.

ZORZETTO, Ricardo. **Anibal Faundes: o homem que aprendeu a enxergar as mulheres.** Publicado em Pesquisa FAPESP, Julho de 2016. Disponível em: <http://revistapesquisa.fapesp.br/2016/07/14/anibal-faundes-o-homem-que-aprendeu-a-enxergar-as-mulheres/>. Acesso em: 10 junho. 2018.

A PEC 181/2015 e o aborto no Brasil

www.ingramcontent.com/pod-product-compliance
Lightning Source LLC
Chambersburg PA
CBHW051301160726
47994CB00003B/1259